女声合唱アルバム

窓よりゆめを

栗原 寛 作歌

相澤直人 作曲

カワイ出版

女声合唱アルバム

窓よりゆめを

　　同世代の歌人（実際は多彩な才能ををを持ち、多方面に活躍中）である栗原寛さんが、20代後半から30代前半に歌った短歌を収めた、歌集『窓よりゆめを、ひかりの庭を』。栗原さん自身が「見えているのに、手が届かないもどかしさ。思いが伝わらないせつなさ。僕にだけ見えない（と思ってしまう）さびしさ。言いまわしこそ、いくぶん"古風"と感じられるかも知れませんが、ずいぶんと"蒼い"ことばのかずかず」と解説するこの歌集は、根底に「ひかりの庭」に対する憧憬や期待が書かれていると感じます。

　　選び抜かれた輝く言葉たち。
　　新しいタイプの（と言って良いでしょう）和歌と対峙したときの戸惑いもありましたが、自分自身のインスピレーションを特に重要視しながら音を紡ぎました。また、和歌そのものが洗練された少ない言葉で成り立っているものですから、無駄に曲が冗長ににならないように気をつけました。結果、全6曲のこのアルバムは「インスピレーションを重視した（やや難解な）無伴奏曲」と「歌心をもって歌えるピアノ付きの曲」というセットが3組並ぶ形に納まりました。それらの組では和歌の選定はもちろん、楽曲内でも共通のモティーフや素材が使われる等、多少の関連性を持たせています。なお、最終曲のみはステージのクロージングに相応しいよう、複数の和歌を組み合わせて規模のやや大きな曲となっております。

　　この場を借りて、果敢にチャレンジし心を込めて初演をしてくださった委嘱団体・町田女声合唱団の皆様と指揮者の中村拓紀さんに大きな感謝と敬意を表したいと思います。また、この和歌と曲に今また光を与えてくださったカワイ出版の早川由章さんにも、心から感謝いたします。

2018年10月

相澤直人

委　嘱　　町田女声合唱団
初　演　　2014年9月27日／町田市民ホール
　　　　　《町田女声合唱団 第11回演奏会 －創立40周年記念－》
　　　　　指　揮　中村拓紀
　　　　　ピアノ　込山今日子

女声合唱アルバム
窓よりゆめを

携帯サイトはこちら▶

出版情報＆ショッピング **カワイ出版ONLINE** http://editionkawai.jp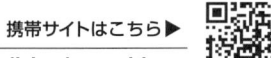

1. 死んでもいいと訳したるやうに

— 死んでもいいと I Love You を訳したるやうに今きみ、愛をささやけ —

栗原　寛 作歌
相澤直人 作曲

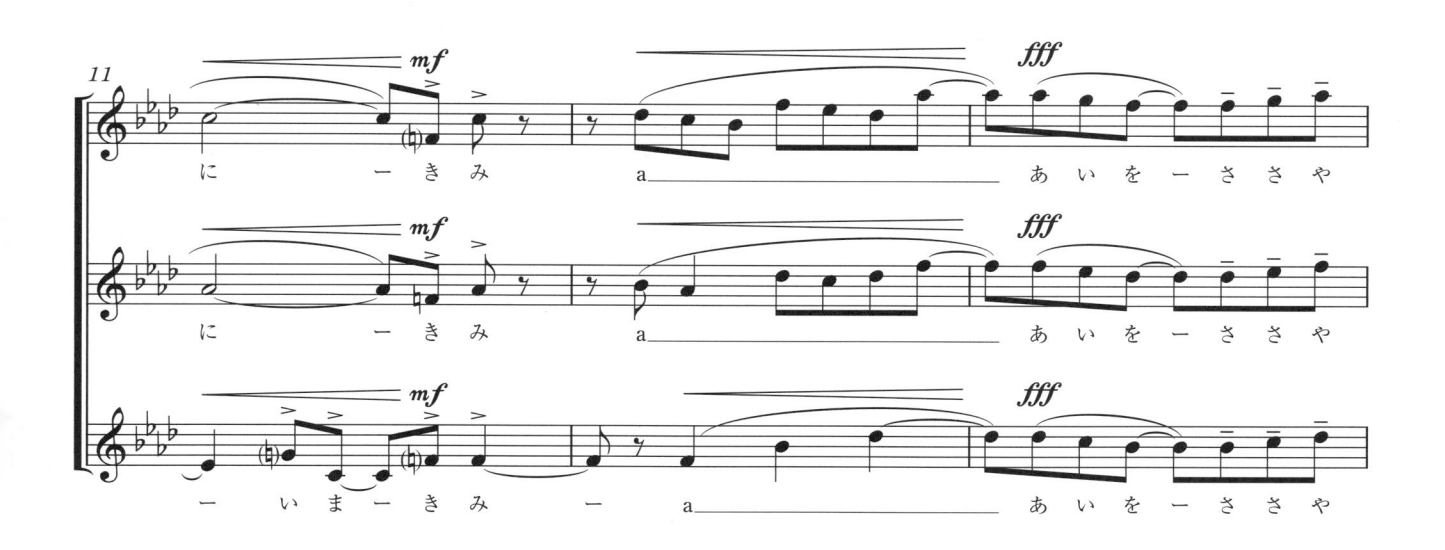

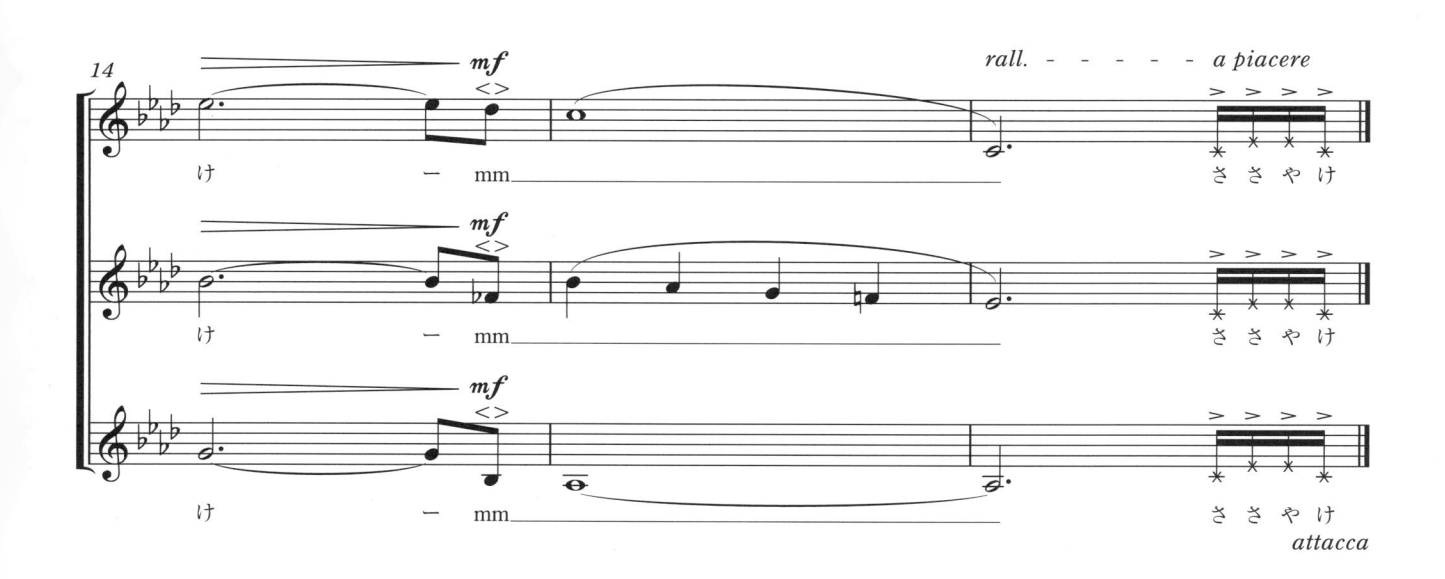

2. 恋は叶はぬときが優しく

―ゆびさきに思ひ出をたぐり寄せてみる恋は叶はぬときが優しく ―

栗 原　寛 作歌
相 澤 直 人 作曲

3. うつくしき物語

— まぼろしを見ることもなくなりたる日　きみ、うつくしき物語せよ —

栗原　寛　作歌
相澤直人　作曲

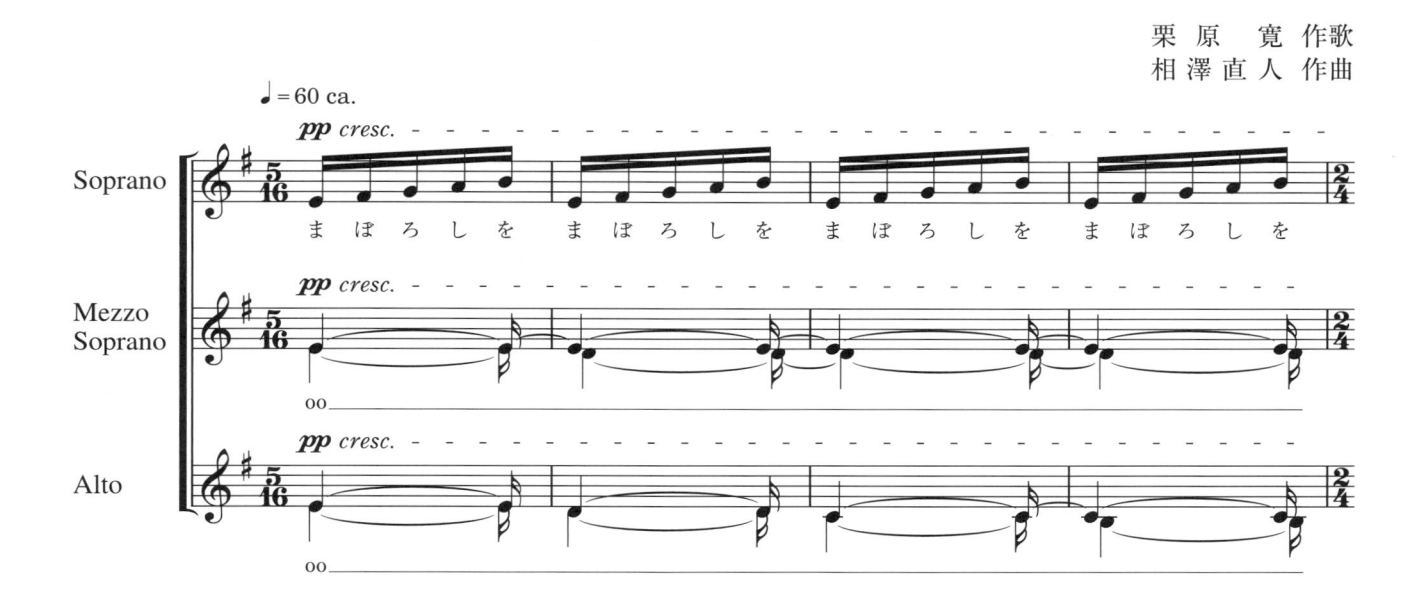

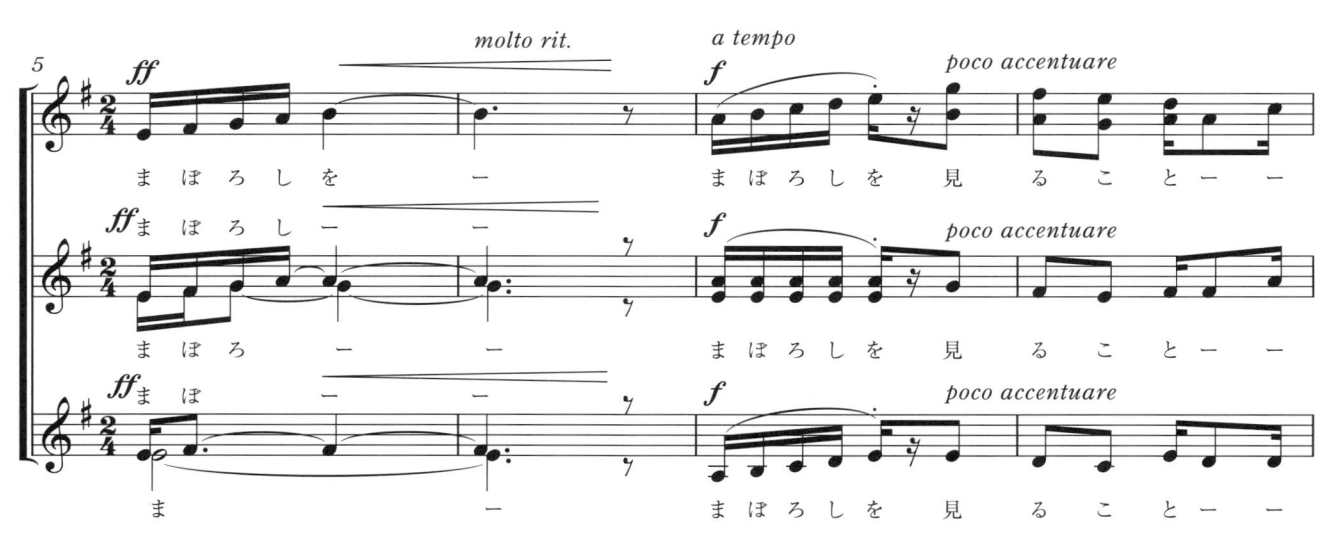

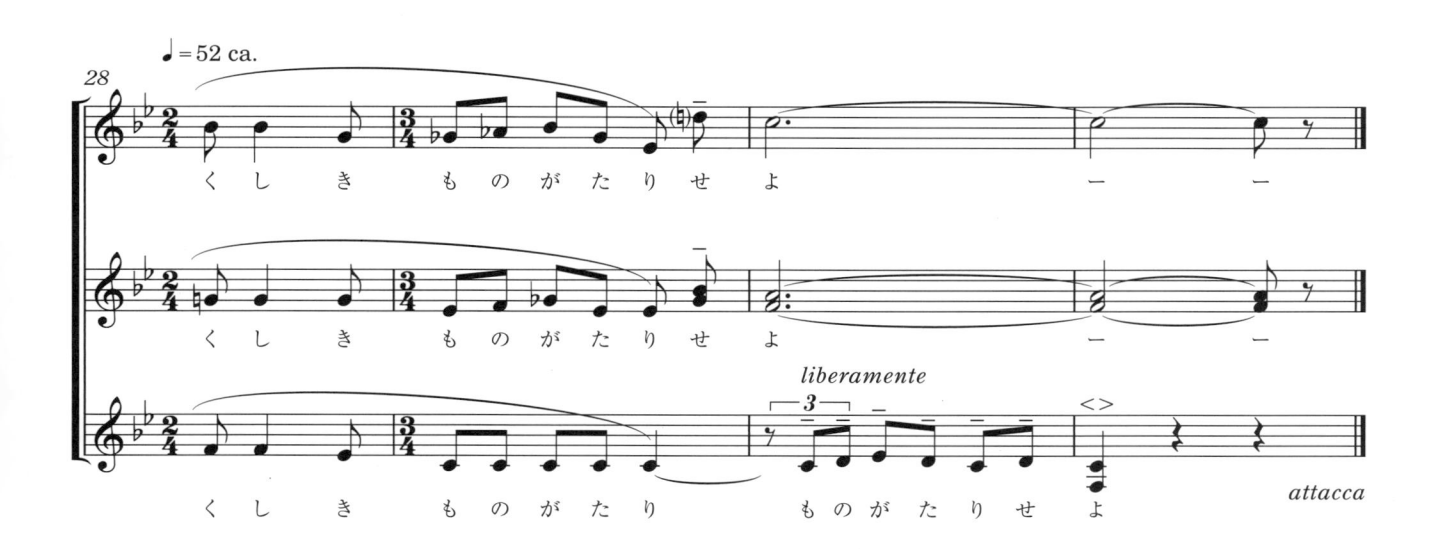

4. うつくしき物語 II

— うつくしき物語せよ　眠られずゐる耳もとへくちびるをよせ —

栗 原 　寛 作歌
相 澤 直 人 作曲

5. いづかたを眺めてか

― いづかたを眺めてかわれに気づかざる窓辺のきみをとほく見てをり ―

栗原　寛 作歌
相澤直人 作曲

*6曲目と続けて演奏する場合、最終小節から6曲目に飛ぶ

6. 窓よりゆめを、ひかりの庭を

— 手をのばしてもとほき場所わが窓に見おろしてゐるひかりの庭は —
— 見つめゐる瞳もいつか光りゆく硝子細工を手のひらにのせ —
— 手を握り見つめ合ひたることなども春の記憶にうすめられゆく —
— たどりゆく言葉のゆくへ追ひかけてもきみに見えて僕に見えない世界 —
— ひとりゐてみはるかすのみひらかざる窓よりゆめを、ひかりの庭を —

栗 原　寛 作歌
相澤 直人 作曲

*この曲を単独で演奏する場合は、ピアノの前奏から始める

22

相澤直人 合唱作品

（混声合唱） グレード

歌われて ……………………… 谷川俊太郎 作詩 A4 判 40P 中級

私の窓から ………………… みなづきみのり 作詩 A4 判 48P 中級

風にのれ、僕らよ … みなづきみのり 作詩 A4 判 36P 中級

小さな愛、4色……… みなづきみのり 作詩 A4 判 20P 中級

なんとなく・青空 ………… 工藤直子 作詩 A4 判 48P 中級

詩ふたつ ………………………… 長田 弘 作詩 A4 判 36P 中〜上級

相澤直人ア・カペラ作品選集 混声篇 A4 判 52P 中級

天使、まだ手探りしている … 谷川俊太郎 作詩 A4 判 32P 中級

いのちの朝に ……………… 栗原 寛 作詩 A4 判 36P 中級

虹を見つけた ……………… みなづきみのり 作詩 A4 判 36P 中級

Gloria ［「深き淵より」に収録］…………… A4 判 36P 中級

Hey 和（編曲）……………………… A4 判 16P 中級

ありがとう ［3部/4部］（編曲）……… A4 判 16P 初〜中級

思い出のアルバム（編曲）………………… A4 判 40P 中級

（女声合唱）

やかもち抒情 ………………… 大伴家持 作詩 A4 判 24P 中級

みえない手紙 ………………… 工藤直子 作詩 A4 判 20P 中級

くじけな ……………………… 枡野浩一 作詩 A4 判 44P 中級

相澤直人ア・カペラ作品選集 女声篇 A4 判 36P 中級

誰にもいわずに …………… 金子みすゞ 作詩 A4 判 32P 初〜中級

5つの小さな愛のうた… みなづきみのり 作詩 A4 判 24P 中級

窓よりゆめを ……………… 栗原 寛 作歌 A4 判 32P 中級

（男声合唱）

天使、まだ手探りしている … 谷川俊太郎 作詩 A4 判 12P 中級

（合唱その他）

合唱エクササイズ アンサンブル編1〜3 B5 判 32P 初級

合唱エクササイズ 指揮編1・2（相澤直人・名島啓太 共著） B5 判 32P 初〜中級

合唱エクササイズ ニュアンス編 B5 判 32P 中級

女声合唱アルバム **窓よりゆめを** 栗原 寛（くりはら ひろし）作歌／相澤直人（あいざわなおと）作曲

● 発行所＝カワイ出版（株式会社 全音楽譜出版社 カワイ出版部）

〒 161-0034 東京都新宿区上落合 2-13-3　TEL 03-3227-6286 ／ FAX 03-3227-6296

出版情報 http://editionkawai.jp

● 楽譜浄書＝ H-t studio　● 印刷・製本＝ NHK ビジネスクリエイト　　2018 年 11 月 1 日 第 1 刷発行

女声合唱作品

白鳥	女声合唱組曲	みなづきみのり 詩／なかにしあかね 曲	初
ひとつの歌にも	女声合唱とピアノのための	谷川俊太郎 詩／石若雅弥 曲	初〜中
メリーちゃんのひつじ	同声二部合唱曲集	なかにしあかね 日本語詩・曲	初
明日はどこから	合唱ピース	石若雅弥 編曲	初
熟れる一日	女声合唱とピアノのための組曲	吉野 弘 詩／西下航平 曲	中
Lavender's Blue	女声合唱ピース	なかにしあかね 編曲	中
雪の蝶	女声合唱とピアノのためのフモレスケ	土田豊貴 曲	中〜上
生きる理由	女声合唱曲	新川和江 詩／信長貴富 曲	中
さくらんぼと麦わらぼうし	女声二部合唱曲	金子静江 詩／鈴木憲夫 曲	初
三つの不思議な仕事	女声合唱曲集	池澤夏樹 詞／池辺晋一郎 曲	初〜中
5つの小さな愛のうた	女声合唱アルバム	みなづきみのり 詩／相澤直人 曲	中
いのち	女声合唱とピアノのための	工藤直子 詩／名田綾子 曲	中
埴輪のひとびと	女声合唱組曲	木下宣子 詩／小林秀雄 曲	中
虹と子供と	石垣りんの詩による五つの女声合唱曲	石垣りん 詩／萩 京子 曲	初〜中
風と光の歌	女声合唱とピアノのために	新美南吉 詩／寺嶋陸也 曲	中
青い珊瑚礁	女声合唱による松田聖子名曲集	石若雅弥 編曲	初
Diamonds	定番!!昭和あたりのヒットソング/女声合唱ピース	山中惇史 編曲	中
My Revolution	定番!!昭和あたりのヒットソング/女声合唱ピース	山中惇史 編曲	中
悲しみ色のスケッチ	女声合唱曲集	ゆきやなぎれい 詩／信長貴富 曲	中
生命は	女声合唱組曲	吉野 弘 詩／大熊崇子 曲	初〜中
花咲くままに 思ひ出よ	女声合唱組曲	立原道造 詩／山下祐加 曲	中
人間ごっこ	女声合唱組曲	御徒町 凪 詩／アベタカヒロ 曲	中
合唱でスポ根！	女声合唱のための	田中達也 編曲	初〜中
花びらあそび	女声合唱のための昭和ノスタルジー	小野興二郎 詞／源田俊一郎 曲	初〜中
夢から覚めても	女声合唱組曲	みなづきみのり 詩／なかにしあかね 曲	中
待つわ	定番!!昭和あたりのヒットソング/女声合唱ピース	首藤健太郎 編曲	中
星の仔馬	女声合唱組曲	友田多喜雄 詩／柳田孝義 曲	中
太陽のほとり	女声合唱曲集	石垣りん 詩／信長貴富 曲	中
ある日のうた	女声合唱曲	なかにしあかね 詩・曲	初〜中
日本・四季の旅	女声（同声）合唱とピアノのための	山中惇史 編曲	中
窓よりゆめを	女声合唱アルバム	栗原 寛 歌／相澤直人 曲	中
平和のたね	女声二部合唱曲	瑞慶覧尚子・伊藤皓一 詩／瑞慶覧尚子 曲	中
サンタ伝説	女声合唱のためのクリスマスソングメドレー	青木雅也 編曲	初

混声合唱作品

涅槃	混声合唱のためのカンタータ	森 正隆 詩／大中 恩 曲	中
お菓子の時間	混声合唱とピアノのための曲集	みなづきみのり 詩／横山智昭 曲	中
歩こう	混声合唱曲	ごとうやすゆき 詩／信長貴富 曲	中
生きる理由	混声合唱曲	新川和江 詩／信長貴富 曲	中
さくらんぼと麦わらぼうし	混声三部合唱曲	金子静江 詩／鈴木憲夫 曲	初
歌謡デラックス2	混声四部合唱のための	石若雅弥 編曲	初
風を乗せたい	混声合唱のための	和合亮一 詩／髙嶋みどり 曲	中
にほんのうた 1	混声合唱とピアノのための	寺嶋陸也 編曲	中
はじまりの木	混声合唱とピアノのための	和合亮一 詩／田中達也 曲	中
夢の続き	混声合唱組曲	みなづきみのり 詩／山下祐加 曲	中
四季の翼	混声合唱とピアノのための	なかにしあかね 曲	中
祈る日	混声合唱とピアノのための	瑞慶覧尚子 曲	中
サボテンの花〜青春の影	混声合唱ピース	田中達也 編曲	中
般若心経	無伴奏混声合唱曲	鈴木憲夫 曲	中
また逢う日まで	混声合唱のためのアンコール曲集	三沢治美 編曲	初〜中
今日もひとつ	混声合唱曲	星野富弘 詩／名島啓太 曲	初〜中
YOUNG MAN (Y.M.C.A.)	定番!!昭和ぁたりのヒットソング／混声合唱ピース	橋本 剛 編曲	初〜中
また逢う日まで	定番!!昭和ぁたりのヒットソング／混声合唱ピース	徳永洋明 編曲	初〜中
22才の別れ	暗くて泣きたくなる混声合唱曲集	石若雅弥 編曲	初
希望	混声合唱とピアノのための	杉山平一 詩／名田綾子 曲	中
春の岬に来て	混声合唱曲集	尾高惇忠 曲	中
虹を見つけた	混声合唱アルバム	みなづきみのり 詩／相澤直人 曲	中
長い夜	混声合唱ピース	首藤健太郎 編曲	中
Ave Maria	混声合唱曲	鈴木憲夫 曲	初〜中
猫のボブ	四つのディベロップメント 1	長田 弘 詩／魚路恭子 曲	中
シシリアン・ブルー	四つのディベロップメント 2	長田 弘 詩／森山至貴 曲	中
冬の金木犀	四つのディベロップメント 3	長田 弘 詩／名田綾子 曲	中
For The Good Times	四つのディベロップメント 4	長田 弘 詩／田中達也 曲	中
四つのディベロップメント	混声合唱組曲	長田 弘 詩／魚路恭子・森山至貴・名田綾子・田中達也 曲	中
深き淵より	四人の作曲家による連作ミサ曲	森山至貴・相澤直人・市原俊明・名島啓太 曲	中
出来そこないの天使たち	混声合唱曲集	谷 郁雄 詩／信長貴富 曲	中
サンタ伝説	混声合唱のためのクリスマスソングメドレー	青木雅也 編曲	初
天才バカボンのテーマ	定番!!昭和ぁたりのヒットソング／混声合唱ピース	徳永洋明 編曲	初〜中

男声合唱作品